Impressum
Verlag: BABADADA GmbH, Nedderfeld 112 , 22529 Hamburg
Geschäftsführer / Verlagsleitung: Harald Hof
Druck: Books on Demand GmbH, In de Tarpen 42, 22848 Norderstedt

Imprint
Publisher: BABADADA GmbH, Nedderfeld 112 , 22529 Hamburg, Germany
Managing Director / Publishing direction: Harald Hof
Print: Books on Demand GmbH, In de Tarpen 42, 22848 Norderstedt, Germany

skola

school

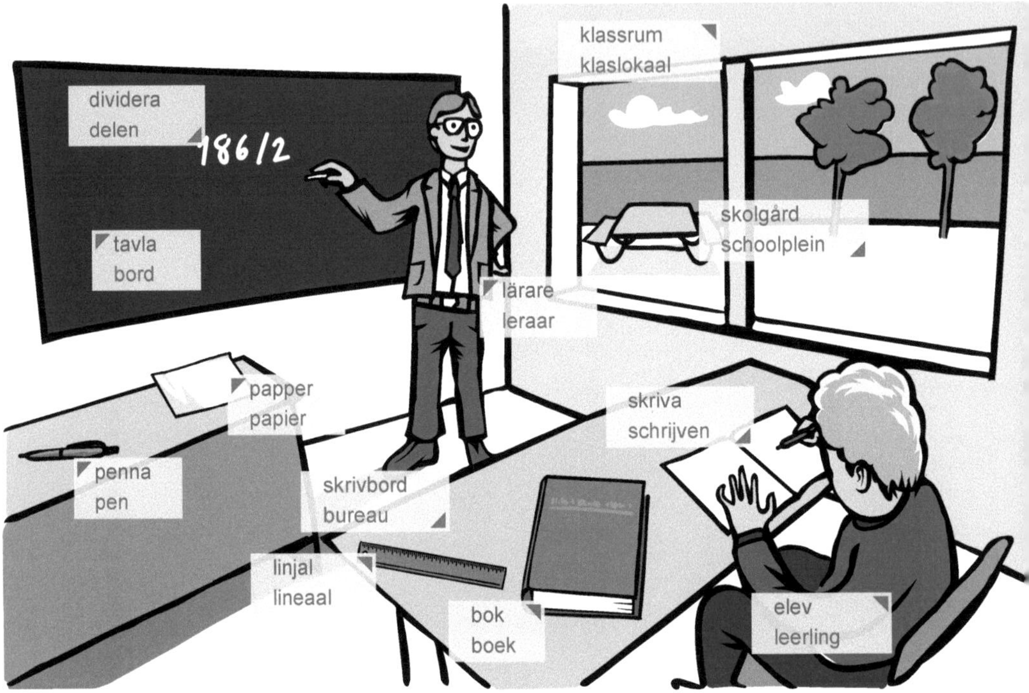
klassrum
klaslokaal
dividera
delen
186/2
tavla
bord
skolgård
schoolplein
lärare
leraar
papper
papier
skriva
schrijven
penna
pen
skrivbord
bureau
linjal
lineaal
bok
boek
elev
leerling

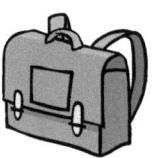

skolväska

schooltas

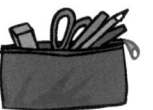

pennfodral

etui

blyertspenna

potlood

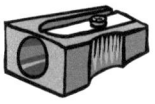

pennvässare

puntenslijper

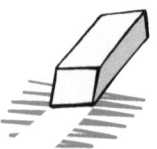

suddgummi

gum

ritblock

schetsblok

teckning
tekening

pensel
penseel

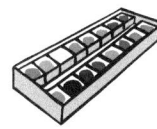

målarlåda
verfdoos

sax
schaar

lim
lijm

övningsbok
schrift

hemläxa
huiswerk

tal
getal

addera
optellen

subtrahera
aftrekken

multiplicera
vermenigvuldigen

räkna
rekenen

bokstav
letter

alfabet
alfabet

ord
woord

text
tekst

läsa
lezen

krita
krijt

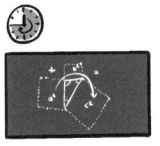

lektion
les

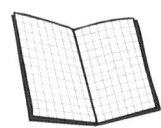

register
klassenboek

prov
examen

intyg
diploma

skoluniform
schooluniform

utbildning
opleiding

uppslagsverk
encyclopedie

universitet
universiteit

mikroskop
microscoop

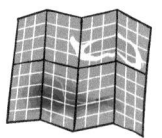

karta
kaart

papperskorg
prullenmand

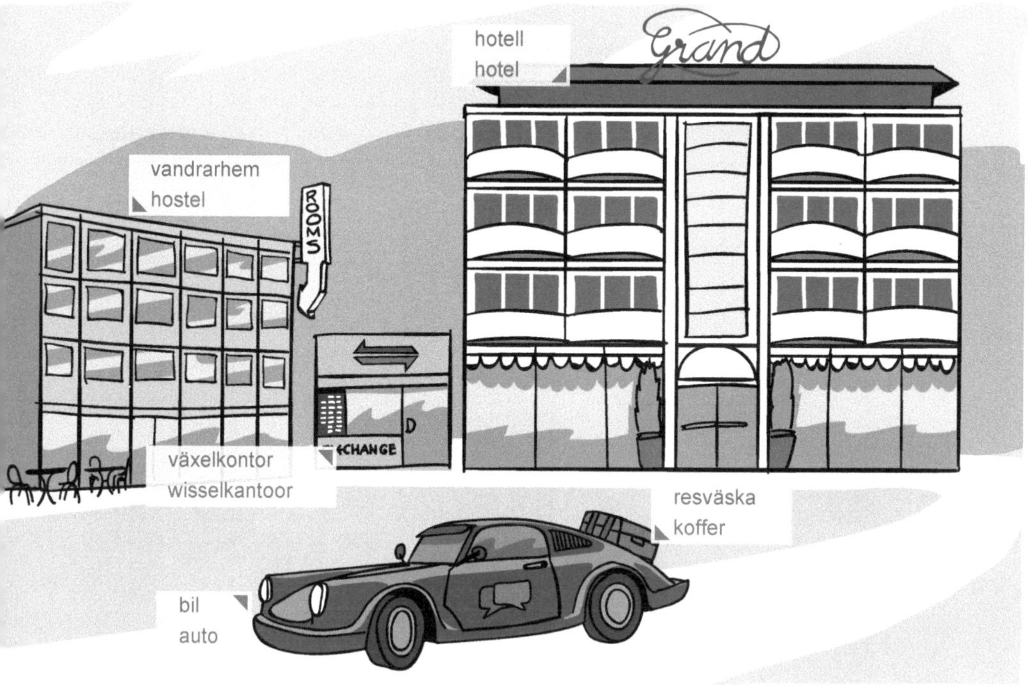

hotell
hotel
Grand
vandrarhem
hostel
ROOMS
EXCHANGE
växelkontor
wisselkantoor
resväska
koffer
bil
auto

språk
taal

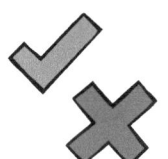

ja / nej
ja / nee

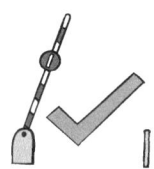

Okay
oké

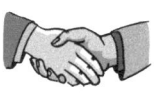

hej
Hallo!

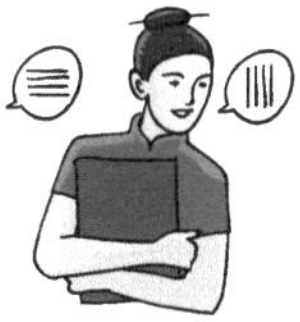

översättare
tolk

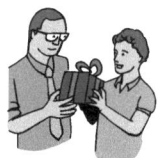

Tack
Bedankt.

hur mycket kostar…?

Wat kost …?

jag förstår inte

Ik begrijp het niet.

problem

probleem

God kväll!

Goedenavond!

God morgon!

Goedemorgen!

God natt!

Goedenacht!

hejdå

Tot ziens!

riktning

richting

bagage

bagage

väska

tas

ryggsäck

rugzak

gäst

gast

rum

kamer

sovsäck

slaapzak

tält

tent

turistinformation

VVV-kantoor

strand

strand

kreditkort

creditkaart

frukost

ontbijt

lunch

lunch

middag

diner

biljett

kaartje

hiss

lift

frimärke

postzegel

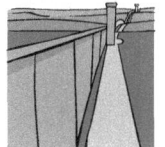

gräns

grens

tull

douane

ambassad

ambassade

visum

visum

pass

paspoort

transport
transport

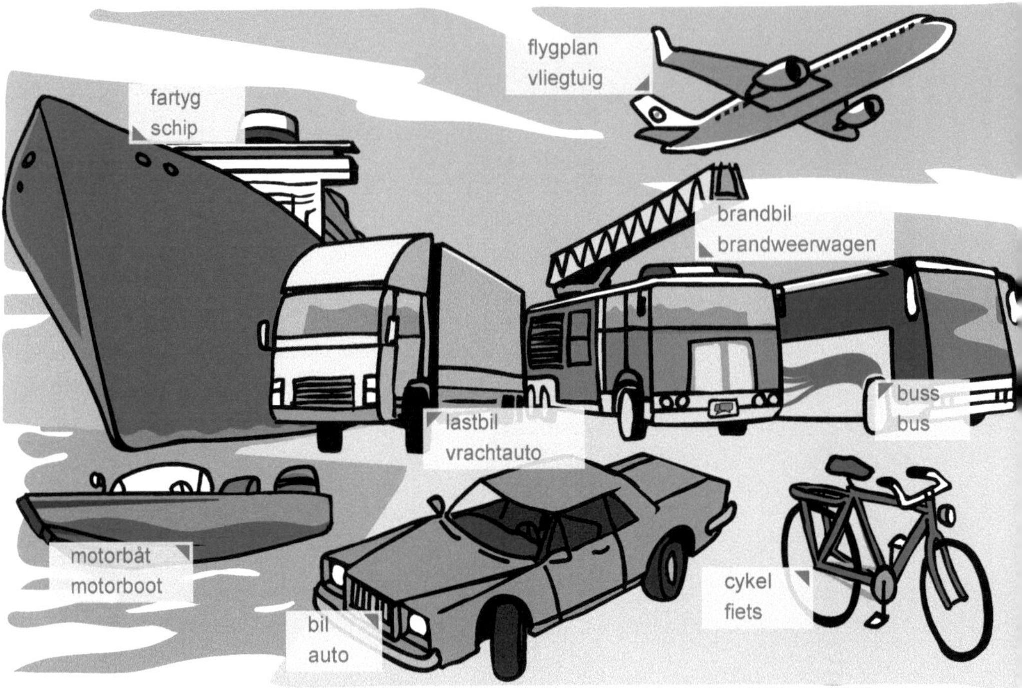
flygplan
vliegtuig
fartyg
schip
brandbil
brandweerwagen
buss
bus
lastbil
vrachtauto
motorbåt
motorboot
cykel
fiets
bil
auto

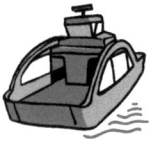

färja
veerboot

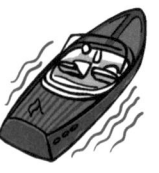

båt
boot

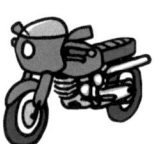

motorcykel
motorfiets

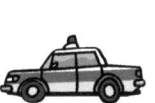

polisbil
politiewagen

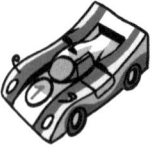

racerbil
raceauto

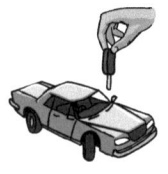

hyrbil
huurauto

bilpool

carsharing

bärgningsbil

takelwagen

sopbil

vuilniswagen

motor

motor

bränsle

benzine

bensinstation

benzinepomp

vägmärke

verkeersbord

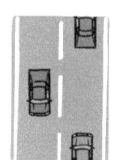

trafik

verkeer

bilkö

file

parkeringsplats

parkeerplaats

tågstation

station

räls

rails

tåg

trein

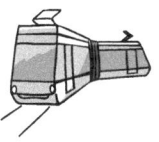

spårvagn

tram

vagn

wagon

helikopter

helikopter

flygplats

luchthaven

torn

toren

passagerare

passagier

container

container

kartong

verhuisdoos

vagn

kar

korg

mand

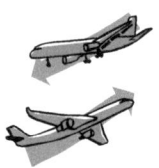

starta / landa

opstijgen / landen

stad

stad

by

dorp

centrum

stadscentrum

hus

huis

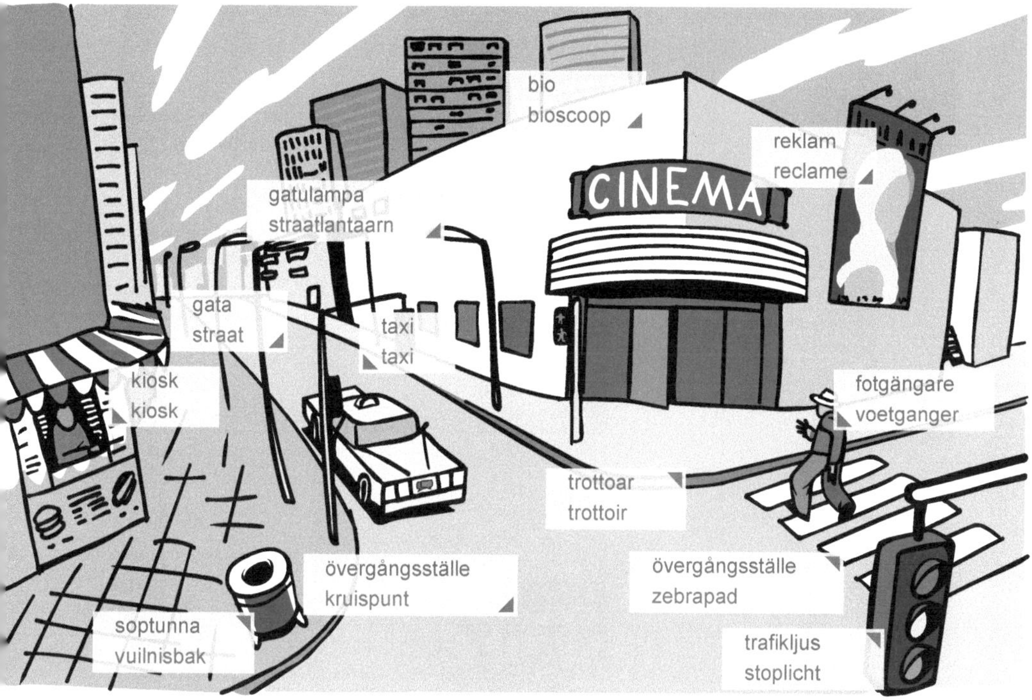

bio
bioscoop

reklam
reclame

gatulampa
straatlantaarn

CINEMA

gata
straat

taxi
taxi

kiosk
kiosk

fotgängare
voetganger

trottoar
trottoir

övergångsställe
kruispunt

övergångsställe
zebrapad

soptunna
vuilnisbak

trafikljus
stoplicht

stuga
hut

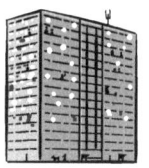

lägenhet
appartement

tågstation
station

stadshus
stadhuis

museum
museum

skola
school

universitet

universiteit

bank

bank

sjukhus

ziekenhuis

hotell

hotel

apotek

apotheek

kontor

kantoor

bokhandel

boekenwinkel

affär

winkel

blomsterbutik

bloemenwinkel

stormarknad

supermarkt

marknad

markt

varuhus

warenhuis

fiskhandlare

visboer

köpcentrum

winkelcentrum

hamn

haven

12   stad - stad

park
park

bänk
bank

brygga
brug

trappa
trap

tunnelbana
metro

tunnel
tunnel

busshållplats
bushalte

bar
bar

restaurang
restaurant

brevlåda
brievenbus

gatuskylt
straatnaambord

parkeringsautomat
parkeermeter

zoo
dierentuin

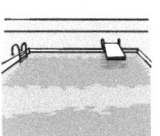

simbassäng
zwembad

moské
moskee

bondgård
boerderij

förorening
vervuiling

kyrkogård
begraafplaats

kyrka
kerk

lekplats
speelplaats

tempel
tempel

landskap
landschap

löv
blad

vägskylt
wegwijzer

väg
weg

äng
weide

sten
steen

träd
boom

liftare
wandelaar

flod
rivier

gräs
gras

blomma
bloem

dal

vallei

kulle

berg

sjö

meer

skog

bos

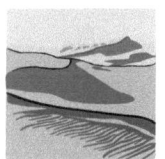

öken

woestijn

vulkan

vulkaan

slott

kasteel

regnbåge

regenboog

svamp

paddenstoel

palm

palmboom

mygga

mug

fluga

vlieg

myra

mier

bi

bij

spindel

spin

landskap - landschap

skalbagge

kever

groda

kikker

ekorre

eekhoorn

igelkott

egel

hare

haas

uggla

uil

fågel

vogel

svan

zwaan

vildsvin

wild zwijn

rådjur

hert

älg

eland

damm

stuwdam

vindkraftverk

windmolen

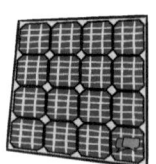

solcellspanel

zonnepaneel

klimat

klimaat

restaurang
restaurant

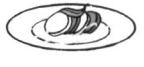

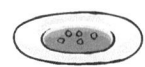

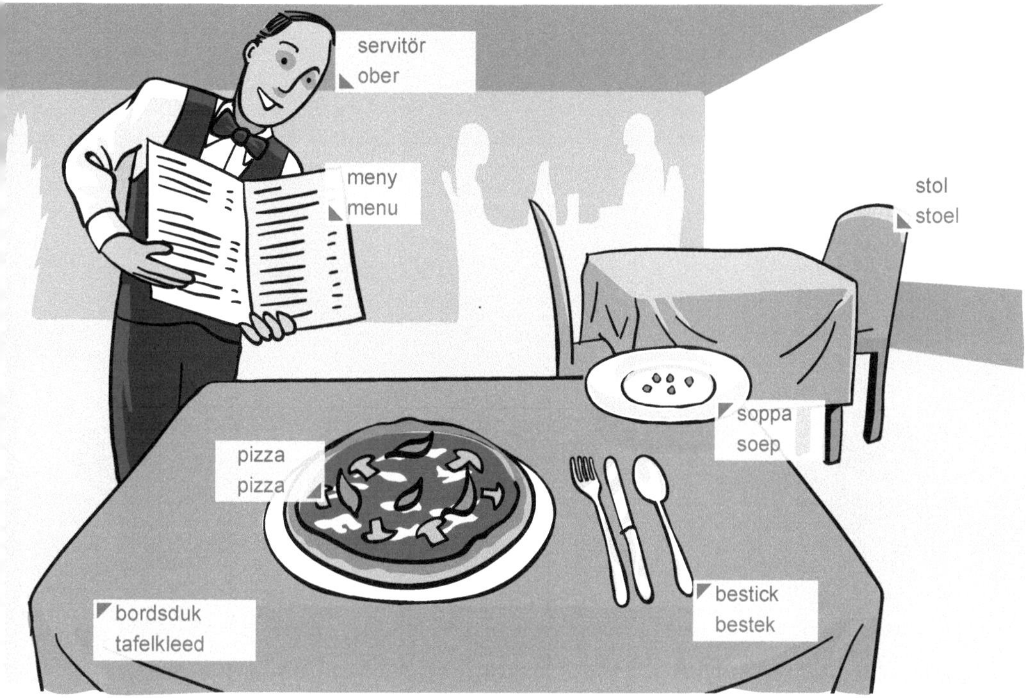

servitör
ober
meny
menu
stol
stoel
soppa
soep
pizza
pizza
bestick
bestek
bordsduk
tafelkleed

förrätt

voorgerecht

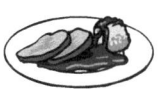

huvudrätt

hoofdgerecht

dessert

toetje

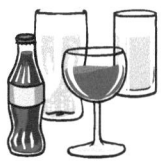

drycker

dranken

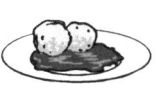

mat

eten

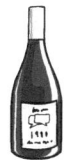

flaska

fles

snabbmat

fastfood

street food

eetkraampje

tekanna

theepot

sockerskål

suikerpot

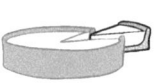

portion

portie

espressomaskin

espressomachine

barnstol

kinderstoel

räkning

rekening

bricka

dienblad

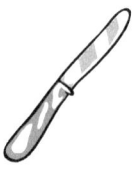

kniv

mes

gaffel

vork

sked

lepel

tesked

theelepel

servett

servet

glas

glas

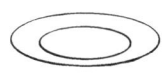

tallrik

bord

sopptallrik

soepbord

tefat

schotel

sås

saus

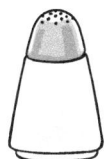

saltkar

zoutvaatje

pepparkvarn

pepermolen

vinäger

azijn

olja

olie

kryddor

kruiden

ketchup

ketchup

senap

mosterd

majonnäs

mayonaise

stormarknad
supermarkt

specialerbjudande
aanbieding
FOR
kund
klant
mejeriprodukter
zuivelproducten
frukt
fruit
varukorg
winkelwagen

BUTCHERS

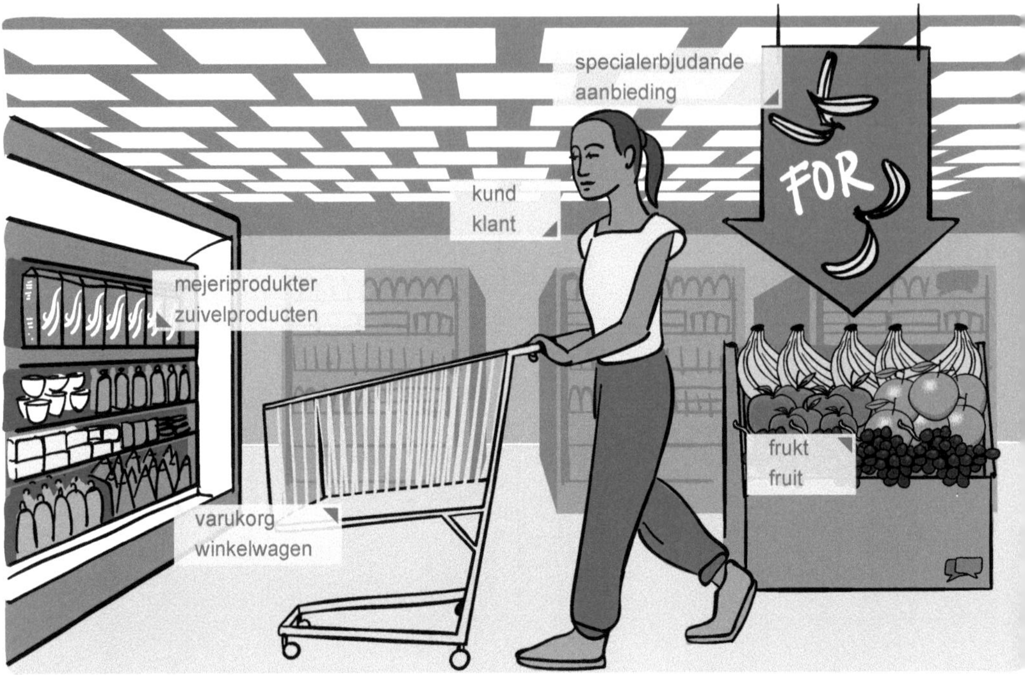

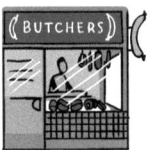

charkuteri

slager

BAKERY

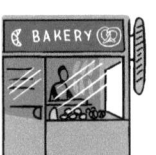

bageri

bakkerij

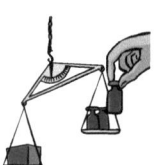

väga

wegen

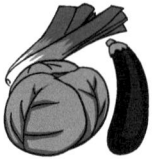

grönsaker

groente

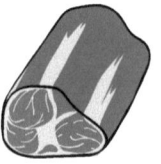

kött

vlees

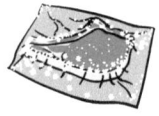

frysta livsmedel

diepvriesproducten

pålägg

vleeswaren

konserver

conserven

tvättmedel

wasmiddel

godis

snoepgoed

hushållsprodukter

huishoudelijke artikelen

rengöringsmedel

schoonmaakmiddel

försäljare

verkoopster

kassa

kassa

kassör

kassier

inköpslista

boodschappenlijstje

öppettider

openingstijden

plånbok

portefeuille

kreditkort

creditkaart

väska

tas

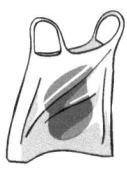

plastpåse

plastic zak

vatten
water

juice
sap

mjölk
melk

cola
cola

vin
wijn

öl
bier

alkohol
alcohol

kakao
chocolademelk

te
thee

kaffe
koffie

espresso
espresso

cappuccino
cappuccino

banan

banaan

äpple

appel

apelsin

sinaasappel

melon

watermeloen

citron

citroen

morot

wortel

vitlök

knoflook

bambu

bamboe

lök

ui

svamp

paddenstoel

nötter

noten

nudlar

pasta

spaghetti
spaghetti

ris
rijst

sallad
salade

pommes frites
friet

stekt potatis
gebakken aardappelen

pizza
pizza

hamburgare
hamburger

smörgås
sandwich

schnitzel
schnitzel

skinka
ham

salami
salami

korv
worst

kyckling
kip

stek
gebraad

fisk
vis

havregryn

havermout

müsli

muesli

cornflakes

cornflakes

mjöl

meel

croissant

croissant

fralla

broodjes

bröd

brood

rostat bröd

toast

kex

koekjes

smör

boter

kvarg

kwark

kaka

taart

ägg

ei

stekt ägg

gebakken ei

ost

kaas

glass
ijs

socker
suiker

honung
honing

sylt
jam

nougatkräm
chocoladepasta

curry
kerrie

bondgård
boerderij

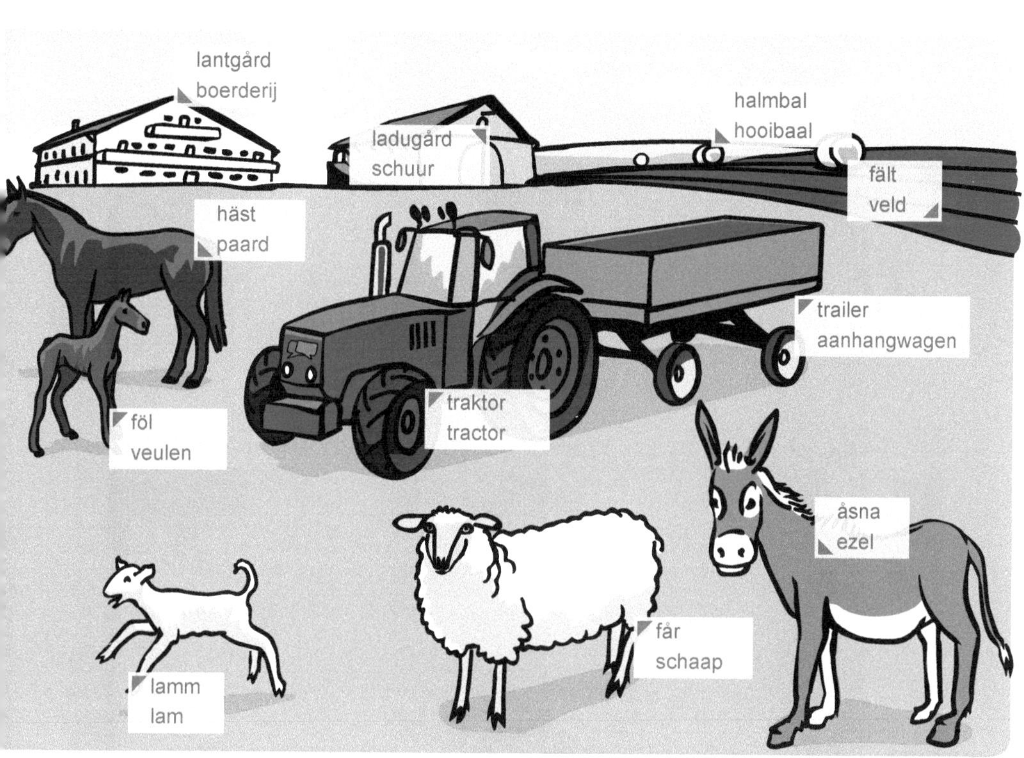
lantgård
boerderij
ladugård
schuur
halmbal
hooibaal
fält
veld
häst
paard
trailer
aanhangwagen
traktor
tractor
föl
veulen
åsna
ezel
får
schaap
lamm
lam

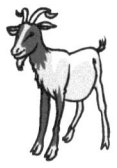

get

geit

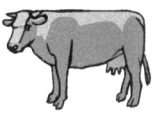

ko

koe

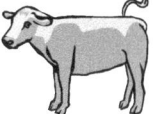

kalv

kalf

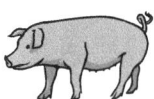

gris

varken

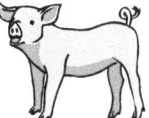

griskulting

big

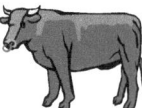

tjur

stier

gås
gans

anka
eend

kyckling
kuiken

höna
kip

tupp
haan

råtta
rat

katt
kat

mus
muis

oxe
os

hund
hond

hundkoja
hondenhok

trädgårdsslang
tuinslang

vattenkanna
gieter

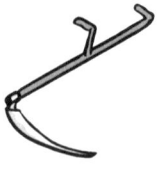

lie
zeis

plog
ploeg

bondgård - boerderij

skära
sikkel

hacka
schoffel

högaffel
hooivork

yxa
bijl

skottkärra
kruiwagen

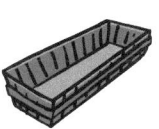

tråg
trog

mjölkflaska
melkbus

säck
zak

staket
hek

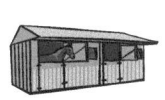

stall
stal

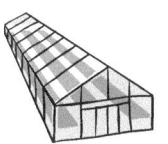

växthus
broeikas

jord
grond

säd
zaad

gödsel
mest

skördetröska
maaidorser

skörda

oogsten

skörd

oogst

jams

yam

vete

tarwe

soja

soja

potatis

aardappel

majs

maïs

raps

koolzaad

fruktträd

fruitboom

maniok

maniok

spannmål

granen

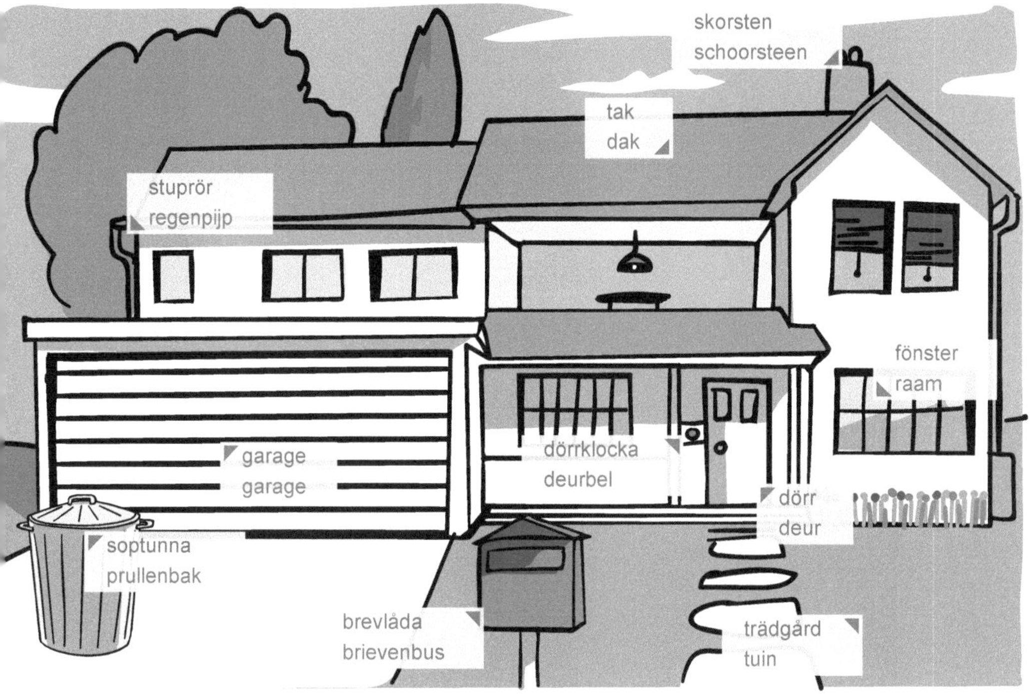

skorsten
schoorsteen

tak
dak

stuprör
regenpijp

fönster
raam

garage
garage

dörrklocka
deurbel

dörr
deur

soptunna
prullenbak

brevlåda
brievenbus

trädgård
tuin

vardagsrum
woonkamer

badrum
badkamer

kök
keuken

sovrum
slaapkamer

barnrum
kinderkamer

matsal
eetkamer

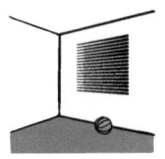

golv
vloer

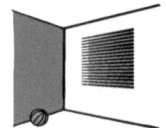

vägg
muur

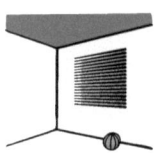

tak
plafond

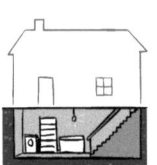

källare
kelder

bastu
sauna

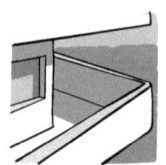

balkong
balkon

terrass
terras

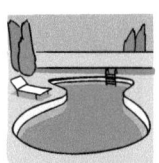

bassäng
zwembad

gräsklippare
grasmaaier

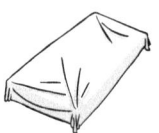

lakan
laken

överkast
bedsprei

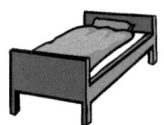

säng
bed

kvast
bezem

hink
emmer

strömbrytare
schakelaar

vardagsrum
woonkamer

tapet
behang
bild
foto
lampa
lamp
hylla
plank
skåp
kast
TV
televisie
eldstad
open haard
blomma
bloem
kudde
kussen
soffa
bankstel
vas
vaas
fjärrkontroll
afstandsbediening

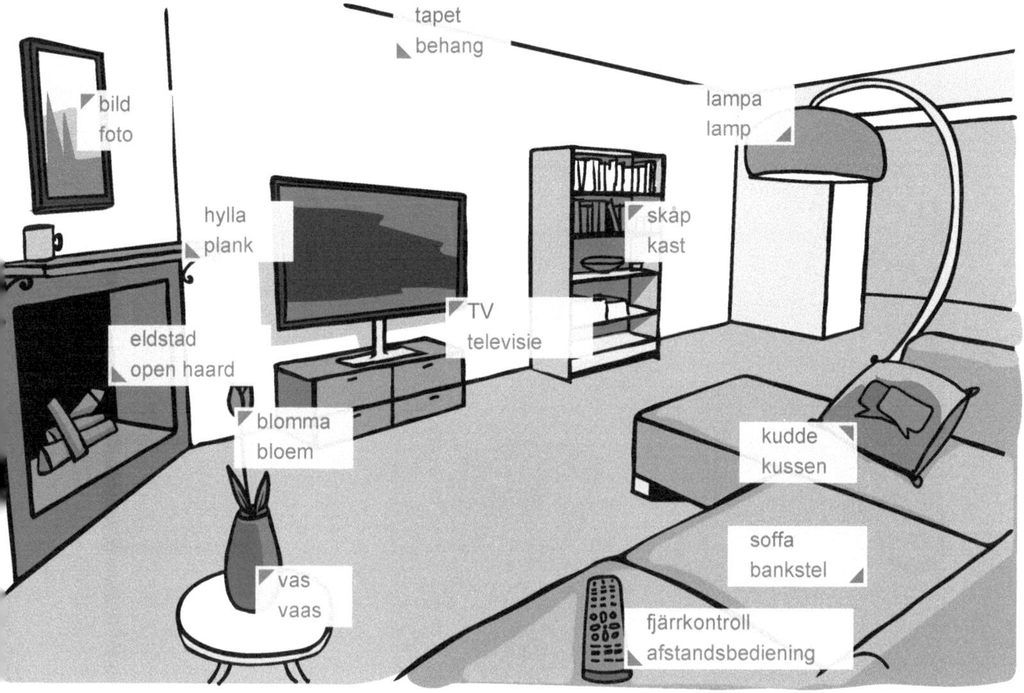

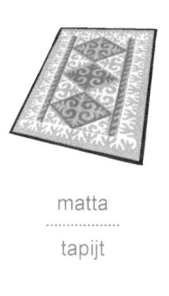

matta

tapijt

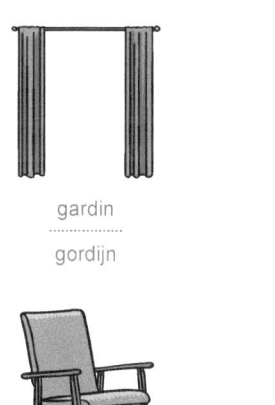

gardin

gordijn

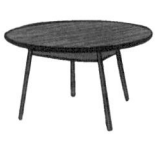

bord

tafel

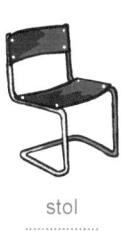

stol

stoel

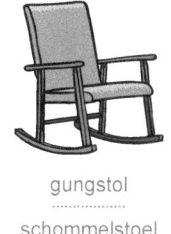

gungstol

schommelstoel

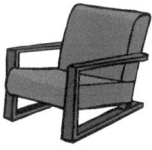

fåtölj

stoel

bok
boek

filt
deken

dekoration
decoratie

vedträ
brandhout

film
film

stereoanläggning
stereo-installatie

nyckel
sleutel

dagstidning
krant

målning
schilderij

poster
poster

radio
radio

anteckningsbok
kladblok

dammsugare
stofzuiger

kaktus
cactus

stearinljus
kaars

kök
keuken

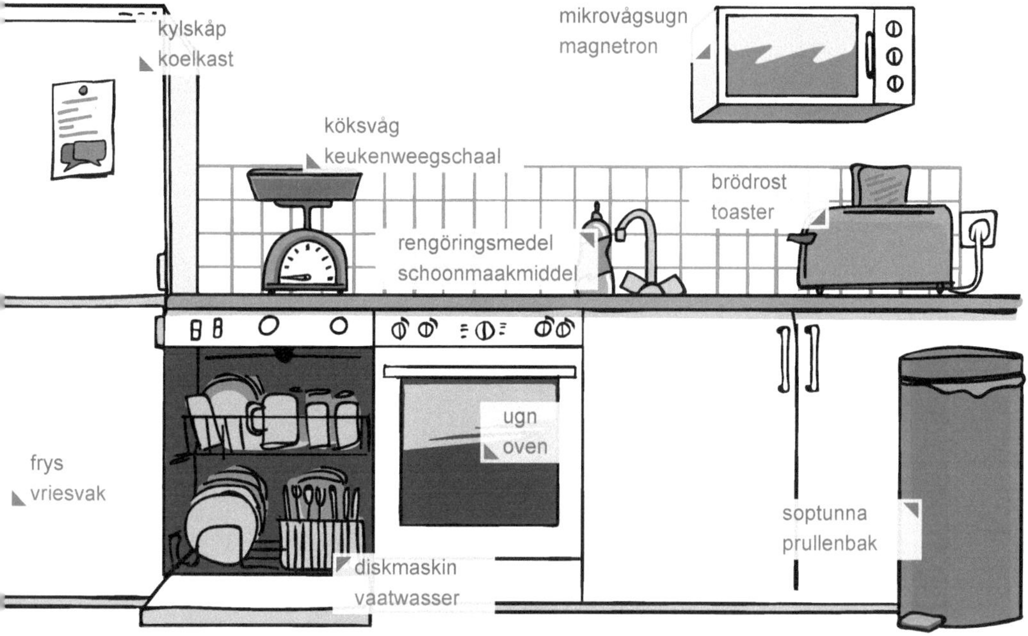
kylskåp
koelkast
mikrovågsugn
magnetron
köksvåg
keukenweegschaal
brödrost
toaster
rengöringsmedel
schoonmaakmiddel
ugn
oven
frys
vriesvak
soptunna
prullenbak
diskmaskin
vaatwasser

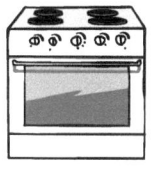

spis
fornuis

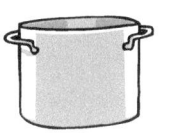

kastrull
pan

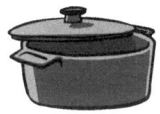

järngryta
gietijzeren pan

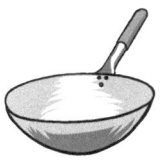

wok / kadai
wok / kadai

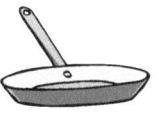

stekpanna
koekenpan

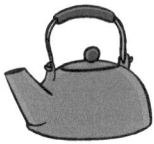

vattenkokare
ketel

ångkokare

stoomkoker

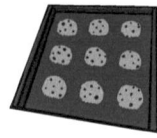

bakplåt

bakplaat

porslin

servies

mugg

beker

skål

kom

ätpinnar

eetstokjes

soppslev

soeplepel

stekspade

spatel

visp

garde

durkslag

vergiet

sil

zeef

rivjärn

rasp

mortel

vijzel

grill

barbecue

brasa

vuurhaard

skärbräda

snijplank

kavel

deegroller

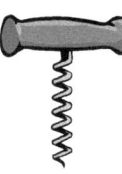

korkskruv

kurkentrekker

burk

blik

burköppnare

blikopener

grytlapp

pannenlap

vask

wasbak

borste

borstel

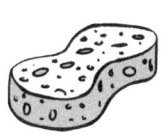

svamp

spons

mixer

blender

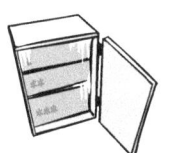

frys

vriezer

nappflaska

babyflesje

kran

kraan

badrum

badkamer

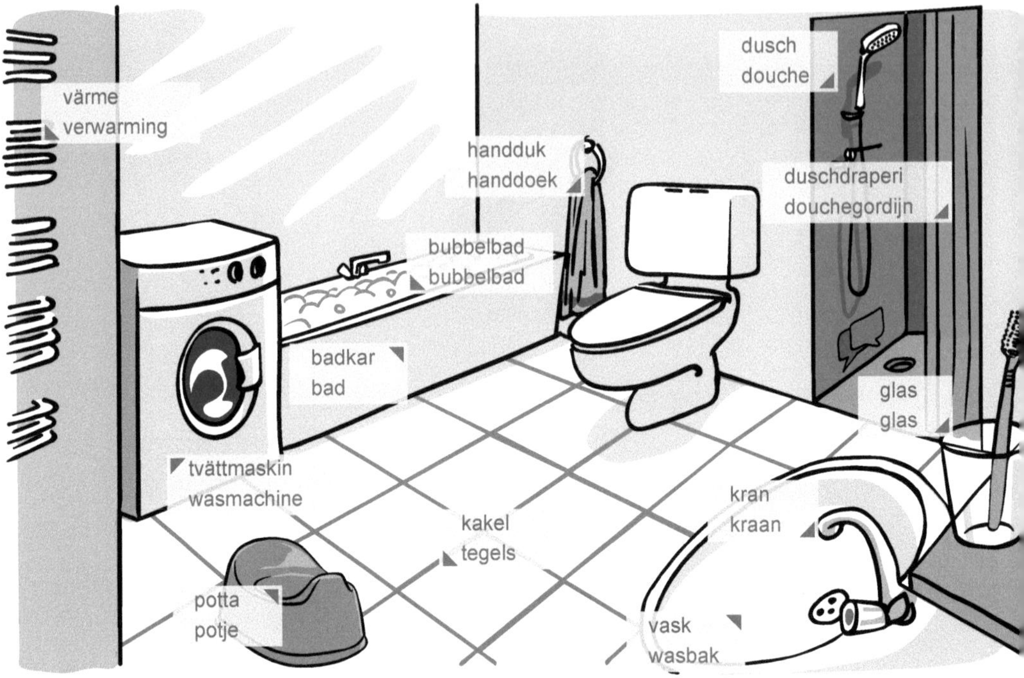

värme
verwarming
handduk
handdoek
dusch
douche
duschdraperi
douchegordijn
bubbelbad
bubbelbad
badkar
bad
glas
glas
tvättmaskin
wasmachine
kran
kraan
kakel
tegels
potta
potje
vask
wasbak

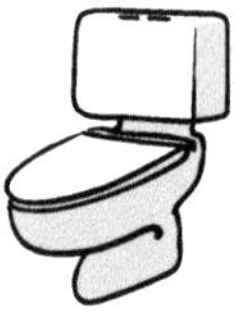

toalett

toilet

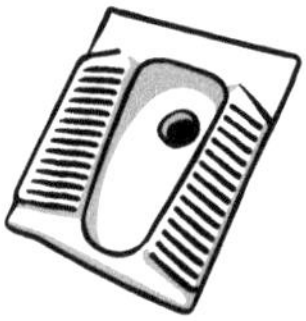

låg toalett

hurktoilet

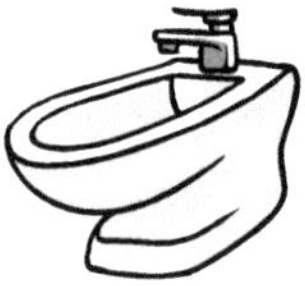

bidet

bidet

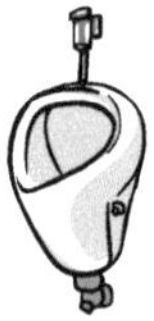

pissoar

urinoir

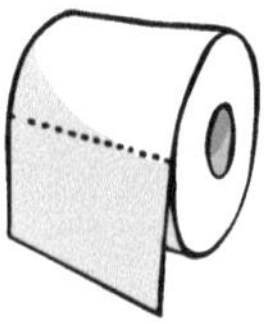

toalettpapper

toiletpapier

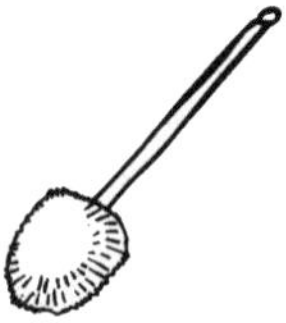

toalettborste

toiletborstel

tandborste

tandenborstel

tandkräm

tandpasta

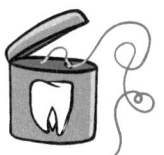

tandtråd

flosdraad

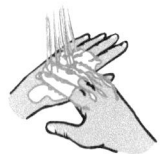

tvätta

wassen

handdusch

handdouche

intimdusch

toiletdouche

handfat

waskom

ryggborste

rugborstel

tvål

zeep

duschgel

douchegel

schampo

shampoo

trasa

washanje

avlopp

afvoer

crème

creme

deodorant

deodorant

badrum - badkamer

spegel

spiegel

handspegel

make-upspiegel

rakhyvel

scheermes

raklödder

scheerschuim

rakvatten

aftershave

kam

kam

borste

borstel

hårtork

haardroger

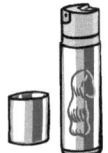

hårspray

haarspray

smink

make-up

läppstift

lippenstift

nagellack

nagellak

bomullsvadd

watten

nagelsax

nagelschaartje

parfym

parfum

necessär
toilettas

pall
kruk

våg
weegschaal

badrock
badjas

gummihandskar
rubber handschoenen

tampong
tampon

binda
maandverband

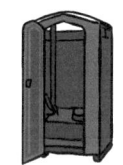

kemisk toalett
chemisch toilet

barnrum
kinderkamer

väckarklocka
wekker
gosedjur
knuffeldier
leksaksbil
speelgoedauto
skallra
rammelaar
dockhus
poppenhuis
present
cadeau

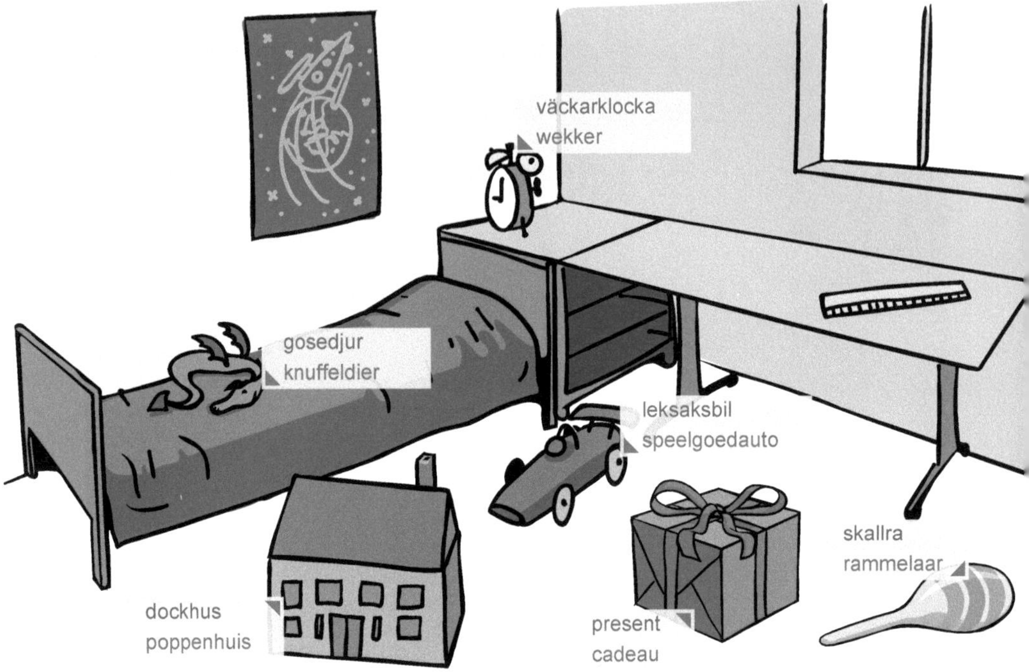

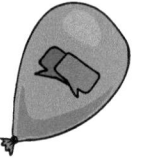

ballong
ballon

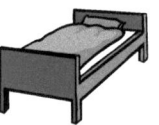

säng
bed

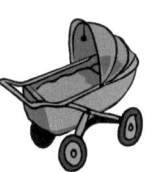

barnvagn
kinderwagen

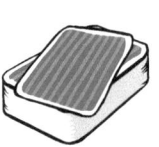

kortlek
kaartspel

pussel
puzzel

SUPER
MEGA

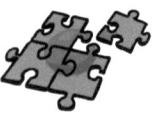

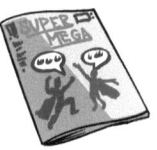

serietidning
stripverhaal

legobitar

legostenen

klossar

speelgoedblokken

actionfigur

actiefiguurtje

sparkdräkt

romper

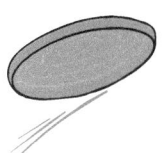

frisbee

frisbee

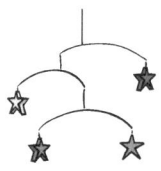

mobil

mobile

brädspel

bordspel

tärning

dobbelsteen

modelljärnväg

modeltrein

napp

speen

party

feestje

bilderbok

prentenboek

boll

bal

docka

pop

spela

spelen

sandlåda

zandbak

gunga

schommel

leksaker

speelgoed

spelkonsol

spelcomputer

trehjuling

driewieler

nalle

teddybeer

garderob

kleerkast

kläder
kleding

sockar

sokken

strumpor

kousen

tights

panty

halsduk
sjaal

bälte
riem

paraply
paraplu

t-shirt
T-shirt

sneakers
sportschoenen

stövlar
laarzen

tofflor
pantoffels

sandaler
sandalen

skor
schoenen

gummistövlar
rubberlaarzen

underbyxor
onderbroek

BH
beha

linne
onderhemd

body
body

byxor
broek

jeans
spijkerbroek

kjol
rok

blus
blouse

skjorta
overhemd

pullover
trui

sweater
hoody

blazer
blazer

jacka
jas

kappa
mantel

regnjacka
regenjas

dräkt
kostuum

klänning
jurk

bröllopsklänning
trouwjurk

kostym
pak

nattlinne
nachthemd

pyjamas
pyjama

sari
sari

slöja
hoofddoek

turban
tulband

burka
boerka

kaftan
kaftan

abaya
abaja

baddräkt
zwempak

badbyxor
zwembroek

shorts
korte broek

träningsoverall
trainingspak

förkläde
schort

handskar
handschoenen

knapp

knoop

glasögon

bril

armband

armband

halsband

ketting

ring

ring

örhänge

oorbel

mössa

pet

galge

kledinghanger

hatt

hoed

slips

stropdas

dragkedja

rits

hjälm

helm

hängslen

bretels

skoluniform

schooluniform

uniform

uniform

haklapp

slabbetje

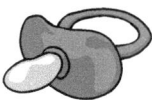

napp

speen

blöja

luier

kontor
kantoor

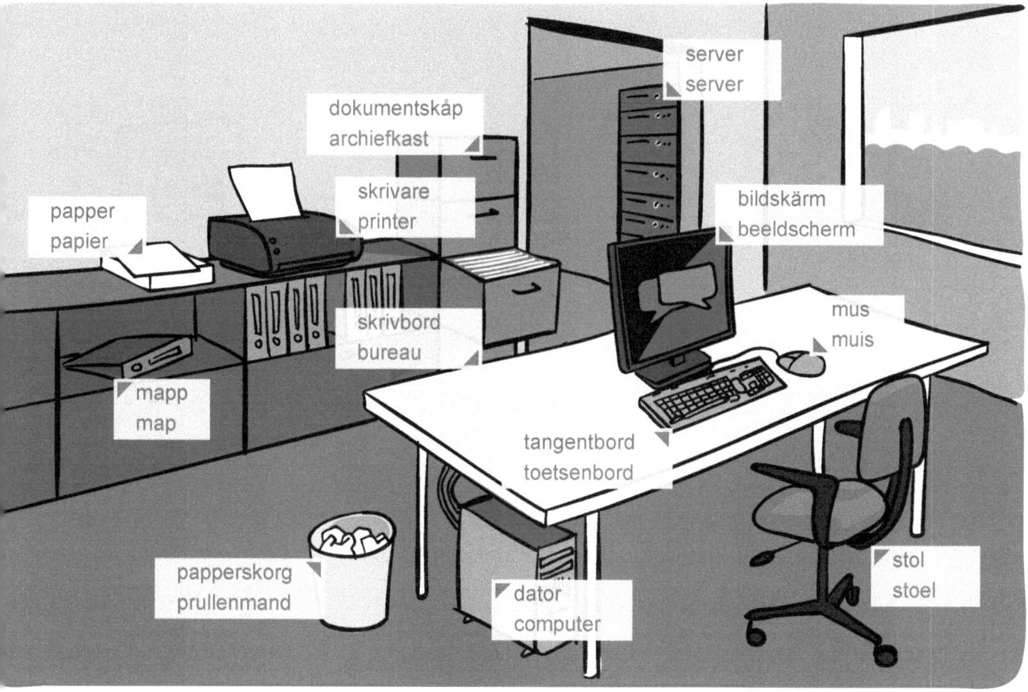

server
server

dokumentskåp
archiefkast

skrivare
printer

papper
papier

bildskärm
beeldscherm

skrivbord
bureau

mus
muis

mapp
map

tangentbord
toetsenbord

papperskorg
prullenmand

dator
computer

stol
stoel

kaffemugg

koffiemok

miniräknare

rekenmachine

internet

internet

bärbar dator

laptop

brev

brief

meddelande

bericht

mobiltelefon

mobiele telefoon

nätverk

netwerk

kopieringsapparat

kopieermachine

programvara

software

telefon

telefoon

vägguttag

stopcontact

fax

fax

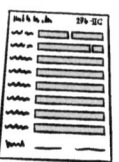

blankett

formulier

dokument

document

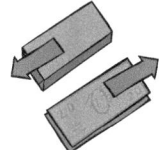

köpa

kopen

betala

betalen

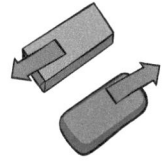

handla

handel drijven

pengar

geld

dollar

dollar

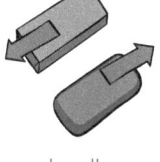

euro

euro

yen

yen

rubel

roebel

schweizisk franc

Zwitserse frank

renminbi yan

renminbi yuan

rupie

roepie

bankomat

geldautomaat

växelkontor

wisselkantoor

guld

goud

silver

zilver

olja

olie

energi

energie

pris

prijs

kontrakt

contract

skatt

belasting

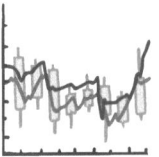

aktie

aandeel

arbeta

werken

anställd

werknemer

arbetsgivare

werkgever

fabrik

fabriek

affär

winkel

yrken
beroepen

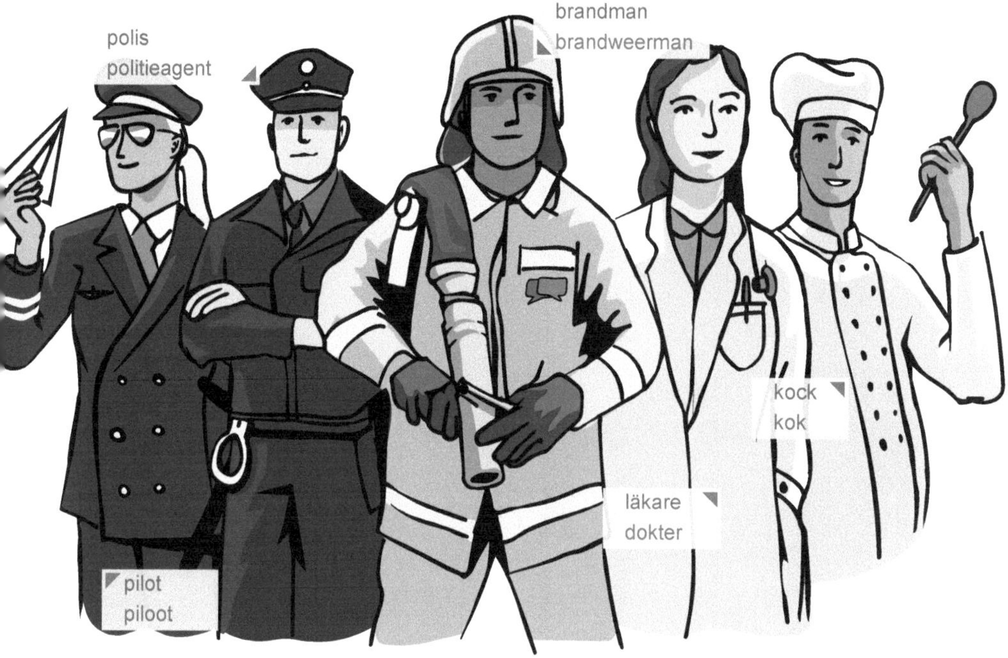

polis
politieagent
brandman
brandweerman
kock
kok
läkare
dokter
pilot
piloot

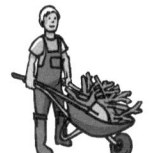

trädgårdsmästare

tuinman

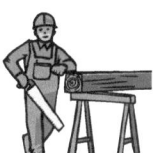

snickare

timmerman

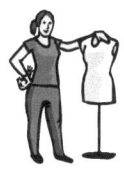

sömmerska

naaister

domare

rechter

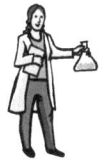

kemist

scheikundige

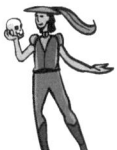

skådespelare

toneelspeler

busschaufför

buschauffeur

taxichaufför

taxichauffeur

fiskare

visser

städerska

schoonmaakster

takläggare

dakdekker

servitör

ober

jägare

jager

målare

schilder

bagare

bakker

elektriker

elektricien

byggarbetare

bouwvakker

ingenjör

ingenieur

slaktare

slager

rörmokare

loodgieter

brevbärare

postbode

soldat
soldaat

arkitekt
architect

kassör
kassier

florist
bloemist

frisör
kapper

konduktör
conducteur

mekaniker
monteur

kapten
kapitein

tandläkare
tandarts

vetenskapsman
wetenschapper

rabbin
rabbi

imam
imam

munk
monnik

präst
pastoor

verktyg
gereedschap

tång
tang
hammare
hamer
skruvmejsel
schroevendraaier
skiftnyckel
moersleutel
ficklampa
zaklamp

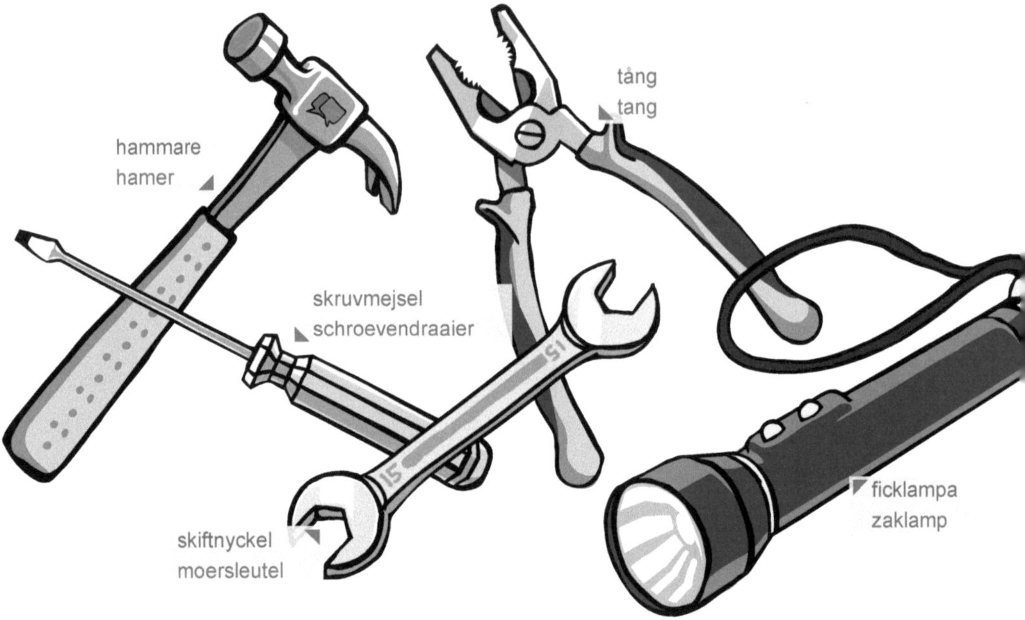

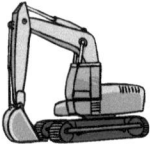

grävmaskin

graafmachine

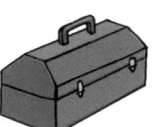

verktygslåda

gereedschapskist

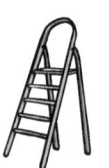

stege

ladder

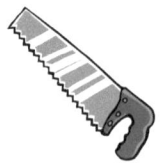

såg

zaag

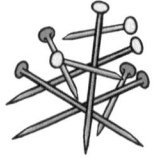

spik

spijkers

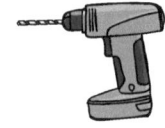

borr

boor

reparera

repareren

spade

schep

Helvete!

Verdorie!

sopskyffel

stofblik

färgburk

verfpot

skruvar

schroeven

musikinstrument
muziekinstrumenten

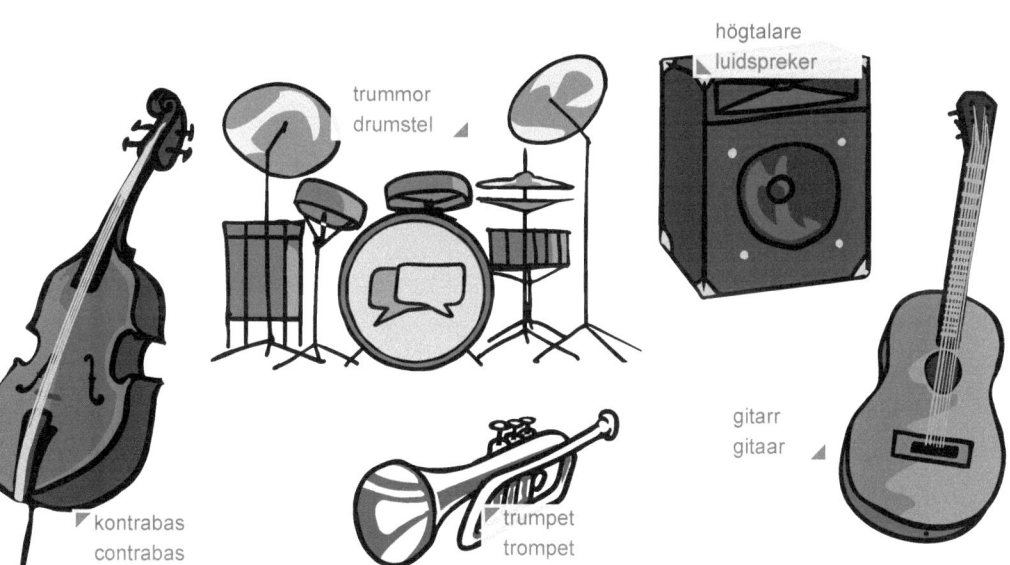

trummor
drumstel

högtalare
luidspreker

kontrabas
contrabas

trumpet
trompet

gitarr
gitaar

piano

piano

violin

viool

bas

bas

timpani

pauk

trumma

trommel

keyboard

keyboard

saxofon

saxofoon

flöjt

fluit

mikrofon

microfoon

zoo
dierentuin

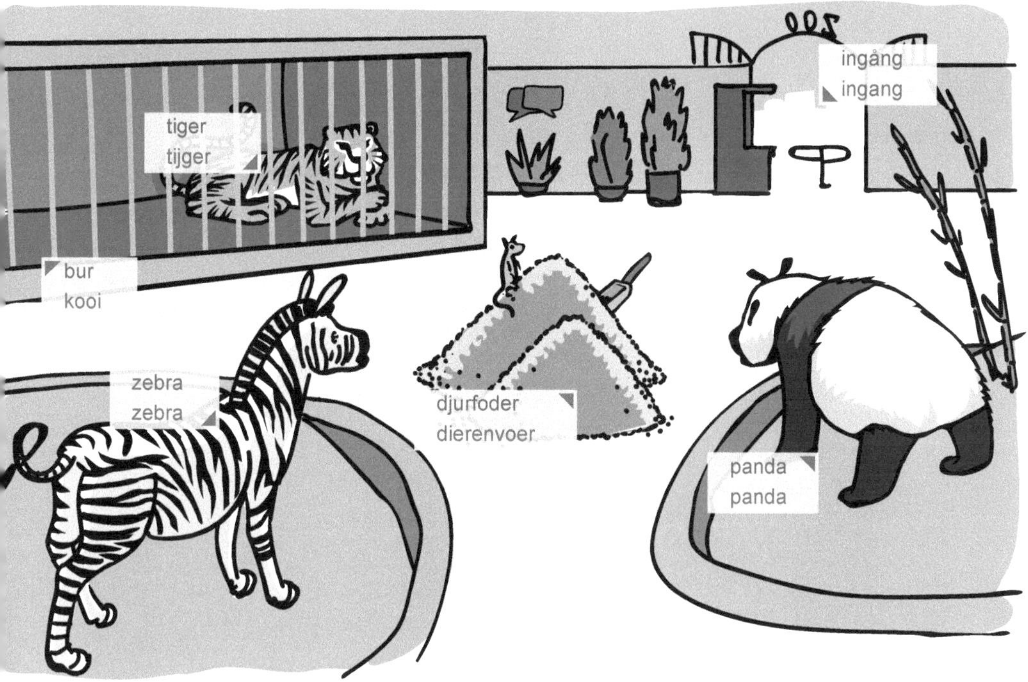
ingång
ingang
tiger
tijger
bur
kooi
zebra
zebra
djurfoder
dierenvoer
panda
panda

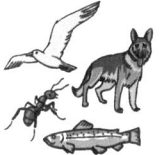

djur

dieren

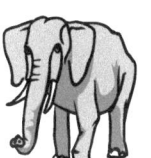

elefant

olifant

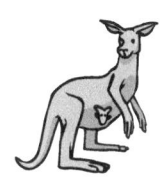

känguru

kangoeroe

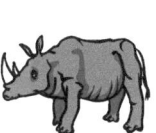

noshörning

neushoorn

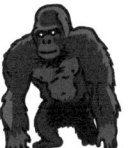

gorilla

gorilla

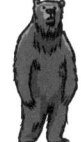

björn

beer

kamel

kameel

struts

struisvogel

lejon

leeuw

apa

aap

flamingo

flamingo

papegoja

papegaai

isbjörn

ijsbeer

pingvin

pinguïn

haj

haai

påfågel

pauw

orm

slang

krokodil

krokodil

djurskötare

dierenverzorger

säl

zeehond

jaguar

jaguar

zoo - dierentuin

ponny

pony

leopard

luipaard

flodhäst

nijlpaard

giraff

giraffe

örn

adelaar

vildsvin

wild zwijn

fisk

vis

sköldpadda

schildpad

valross

walrus

räv

vos

gazell

gazelle

zoo - dierentuin

amerikansk fotboll
American football

cykling
wielrennen

tennis
tennis

basket
basketbal

simning
zwemmen

boxning
boksen

ishockey
ijshockey

fotboll
voetbal

badminton
badminton

friidrott
atletiek

handboll
handbal

skidåkning
skiën

polo
polo

hoppa
springen

skratta
lachen

krama
knuffelen

gå
lopen

sjunga
zingen

drömma
dromen

be
bidden

kyssa
kussen

skriva
schrijven

rita
tekenen

visa
tonen

skjuta
duwen

ge
geven

ta
oppakken

hagel

hebben

göra

doen

vara

zijn

stå

staan

springa

rennen

dra

trekken

kasta

gooien

falla

vallen

ligga

liggen

vänta

wachten

bära

dragen

sitta

zitten

klä på

aankleden

sova

slapen

vakna

wakker worden

aktiviteter - activiteiten

se på

bekijken

gråta

huilen

smeka

strelen

kamma

kammen

prata

praten

förstå

begrijpen

fråga

vragen

höra

horen

dricka

drinken

äta

eten

städa

opruimen

älska

houden van

laga mat

koken

köra

rijden

flyga

vliegen

segla

zeilen

räkna

rekenen

läsa

lezen

lära sig

leren

arbeta

werken

gifta sig

trouwen

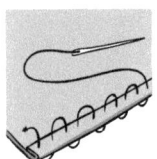

sy

naaien

borsta tänderna

tandenpoetsen

döda

doden

röka

roken

skicka

verzenden

familj
familie

mormor/farmor
grootmoeder
morfar/farfar
grootvader
pappa
vader
mamma
moeder
baby
baby
dotter
dochter
son
zoon

gäst

gast

moster/faster

tante

farbror/morbror

oom

bror

broer

syster

zus

kropp
lichaam

panna
voorhoofd
öga
oog
skuldra
schouder
finger
vinger
ansikte
gezicht
haka
kin
hand
hand
ben
been
bröst
borst
arm
arm

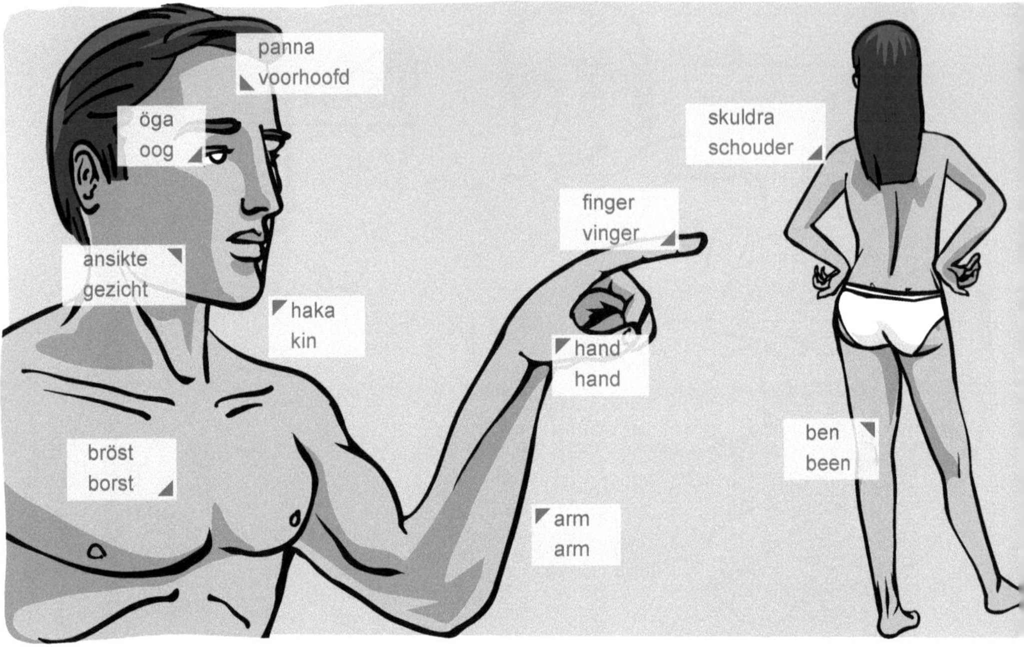

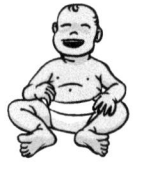

baby
baby

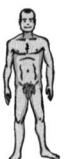

man
man

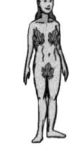

kvinna
vrouw

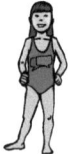

flicka
meisje

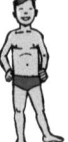

pojke
jongen

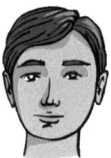

huvud
hoofd

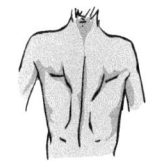

rygg
rug

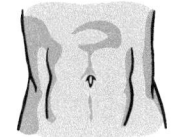

mage
buik

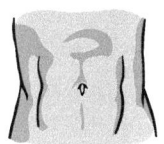

navel
navel

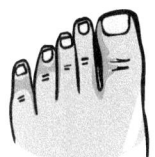

tå
teen

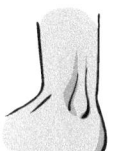

häl
hiel

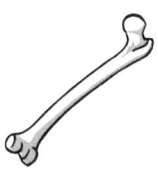

ben
bot

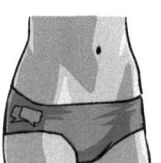

höft
heup

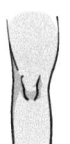

knä
knie

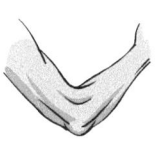

armbåge
elleboog

näsa
neus

stjärt
achterwerk

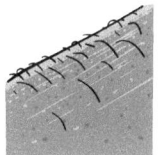

hud
huid

kind
wang

öra
oor

läpp
lippen

mun

mond

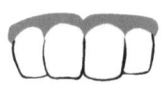

tand

tand

tunga

tong

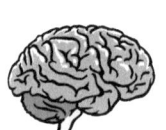

hjärna

hersenen

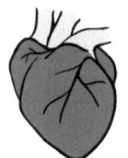

hjärta

hart

muskel

spier

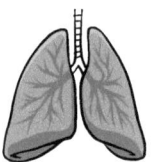

lunga

long

lever

lever

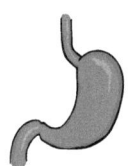

magsäck

maag

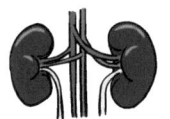

njurar

nieren

sex

geslachtsgemeenschap

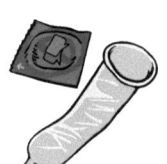

kondom

condoom

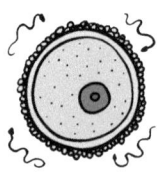

äggcell

eicel

sperma

sperma

graviditet

zwangerschap

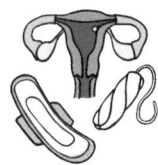

menstruation

menstruatie

vagina

vagina

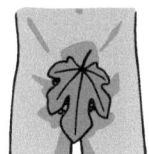

penis

penis

ögonbryn

wenkbrauw

hår

haar

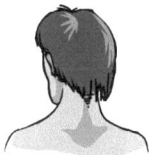

nacke

hals

sjukhus
ziekenhuis

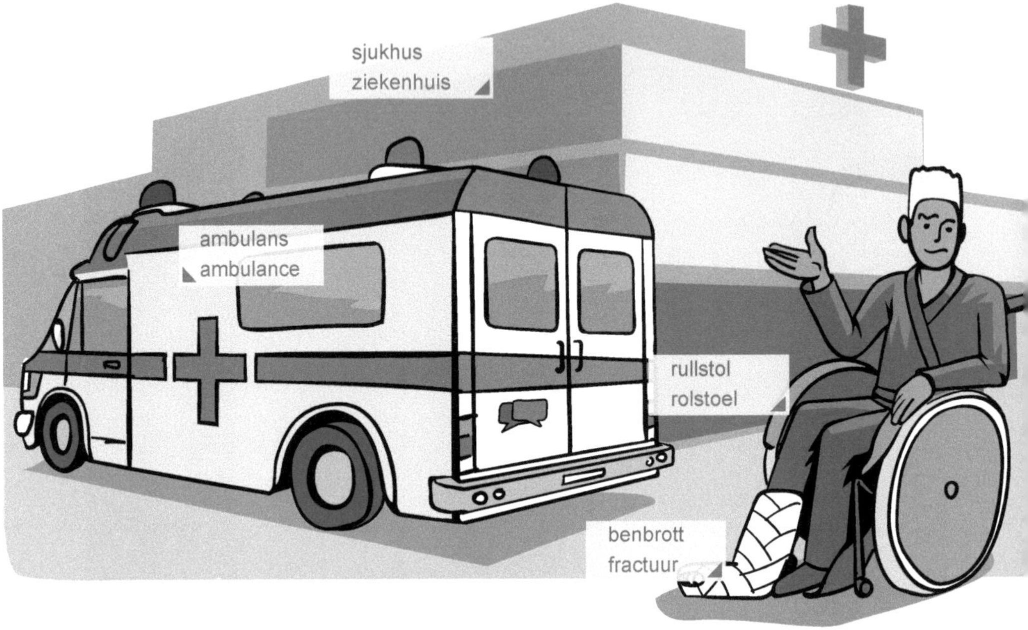

sjukhus
ziekenhuis
ambulans
ambulance
rullstol
rolstoel
benbrott
fractuur

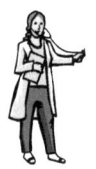

läkare

dokter

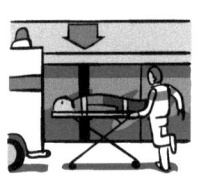

akutmottagning

EHBO

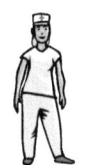

sjuksköterska

verpleegster

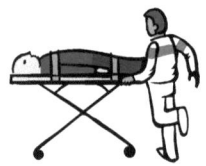

nödsituation

noodgeval

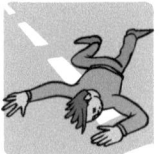

medvetslös

bewusteloos

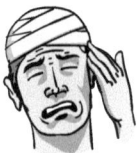

smärta

pijn

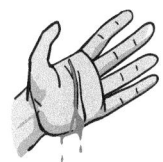

skada

verwonding

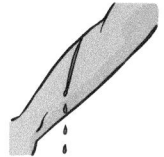

blödning

bloeding

hjärtattack

hartaanval

slaganfall

beroerte

allergi

allergie

hosta

hoest

feber

koorts

influensa

griep

diarré

diarree

huvudvärk

hoofdpijn

cancer

kanker

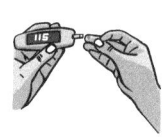

diabetes

diabetes

kirurg

chirurg

skalpell

scalpel

operation

operatie

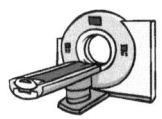

CT
CT

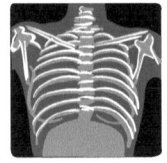

röntgen
röntgen

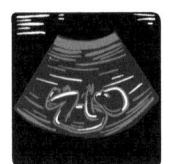

ultraljud
echografie

ansiktsmask
gezichtsmasker

sjukdom
ziekte

väntsal
wachtkamer

krycka
kruk

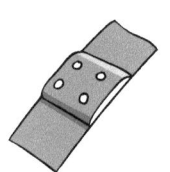

plåster
pleister

bandage
verband

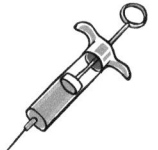

injektion
injectie

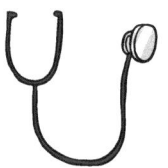

stetoskop
stethoscoop

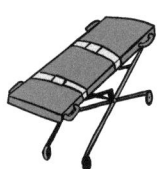

bår
brancard

termometer
thermometer

födsel
geboorte

övervikt
overgewicht

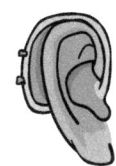

hörapparat

gehoorapparaat

desinfektionsmedel

ontsmettingsmiddel

infektion

infectie

virus

virus

HIV / AIDS

HIV / AIDS

medicin

medicijn

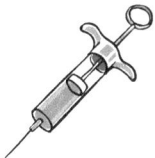

vaccination

inenting

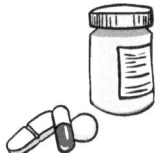

tabletter

tabletten

p-piller

pil

nödsamtal

alarmnummer

blodtrycksmätare

bloeddrukmeter

sjuk / frisk

ziek / gezond

Hjälp!

Help!

alarm

alarm

överfall

overval

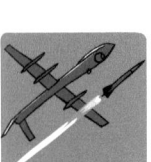

misshandel

aanval

fara

gevaar

nödutgång

nooduitgang

Det brinner!

Brand!

brandsläckare

brandblusser

olycka

ongeluk

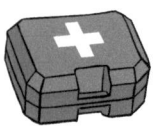

förbandslåda

EHBO-koffer

SOS

SOS

polis

politie

Europa

Europa

Nordamerika

Noord-Amerika

Sydamerika

Zuid-Amerika

Afrika

Afrika

Asien

Azië

Australien

Australië

Atlanten

Atlantische Oceaan

Stilla Havet

Stille Oceaan

Indiska Oceanen

Indische Oceaan

Antarktiska Oceanen

Zuidelijke Oceaan

Arktiska Oceanen

Noordelijke IJszee

Nordpol

Noordpool

Sydpol

Zuidpool

Antarktis

Antarctica

Jorden

aarde

land

land

hav

zee

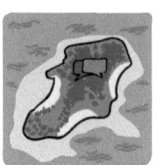

ö

eiland

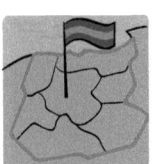

nation

natie

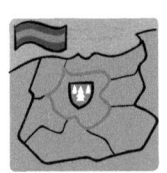

stat

staat

urtavla

wijzerplaat

timvisare

uurwijzer

minutvisare

minutenwijzer

sekundvisare

secondewijzer

Vad är klockan?

Hoe laat is het?

dag

dag

tid

tijd

nu

nu

digital klocka

digitaal horloge

minut

minuut

timme

uur

vecka
week

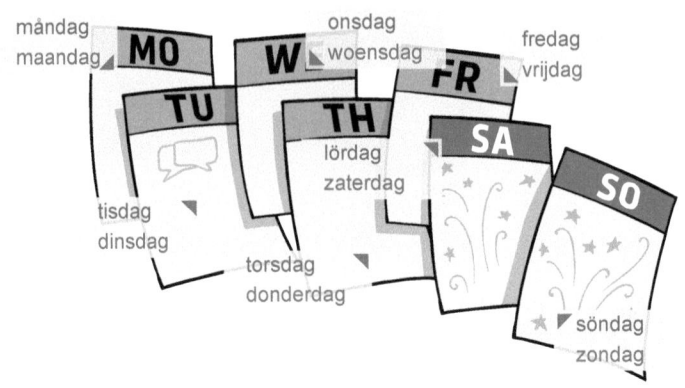

igår
....
gisteren

idag
....
vandaag

imorgon
....
morgen

morgon
....
ochtend

middag
....
middag

kväll
....
avond

vardagar
....
werkdagen

helg
....
weekend

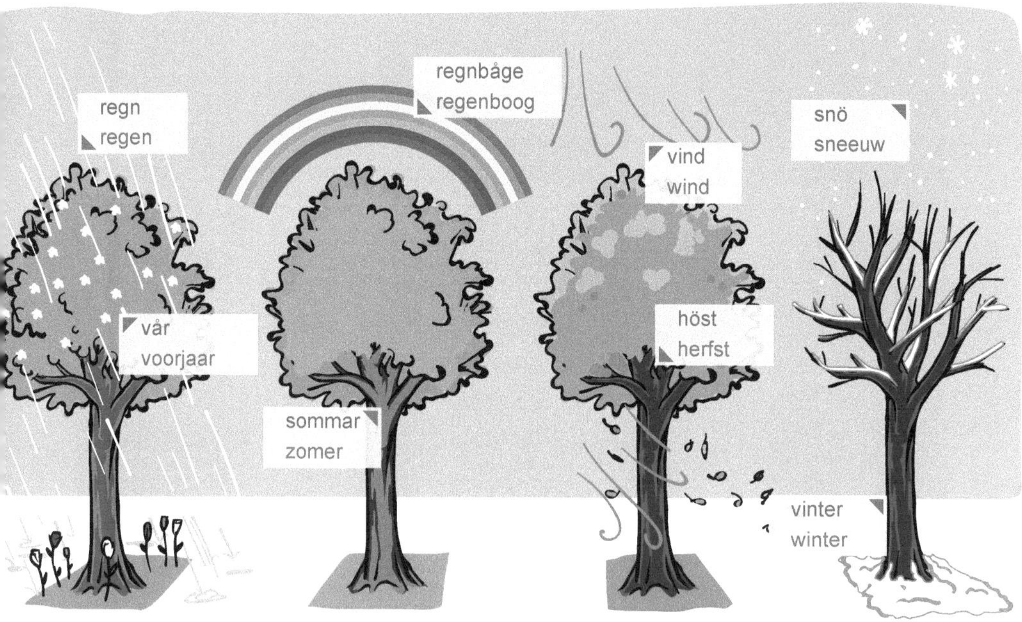

regn
regen

regnbåge
regenboog

snö
sneeuw

vind
wind

vår
voorjaar

höst
herfst

sommar
zomer

vinter
winter

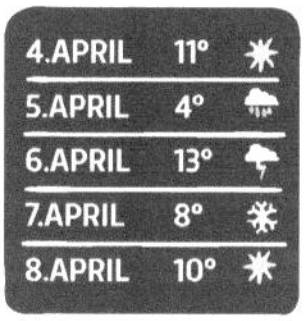

4.APRIL	11°	☀
5.APRIL	4°	🌦
6.APRIL	13°	🌬
7.APRIL	8°	❄
8.APRIL	10°	☀

väderprognos
weerbericht

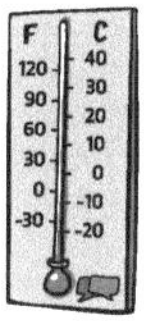

termometer
thermometer

solsken
zonneschijn

moln
wolk

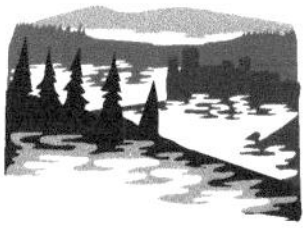

dimma
mist

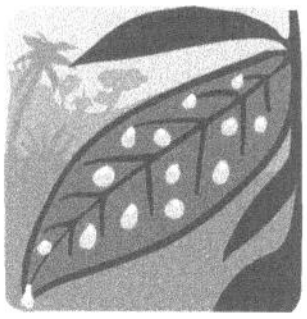

luftfuktighet
luchtvochtigheid

blixt

bliksem

åska

donder

storm

storm

hagel

hagel

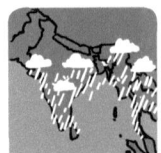

monsun

moesson

översvämning

overstroming

is

ijs

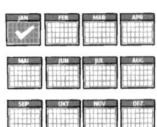

januari

januari

februari

februari

mars

maart

april

april

maj

mei

juni

juni

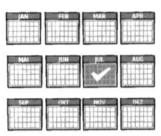

juli

juli

augusti

augustus

år - jaar

september
....
september

oktober
....
oktober

november
....
november

december
....
december

former

vormen

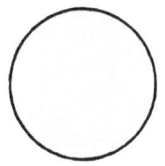

cirkel
....
cirkel

kvadrat
....
vierkant

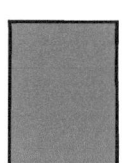

rektangel
....
rechthoek

triangel
....
driehoek

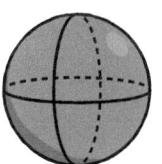

sfär
....
bol

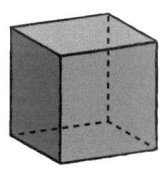

kub
....
kubus

vit

wit

gul

geel

orange

oranje

rosa

roze

röd

rood

lila

paars

blå

blauw

grön

groen

brun

bruin

grå

grijs

svart

zwart

mycket / lite
veel / weinig

arg / lugn
boos / rustig

vacker / ful
mooi / lelijk

början / slut
begin / einde

stor / liten
groot / klein

ljus / mörk
licht / donker

bror / syster
broer / zus

ren / smutsig
schoon / vies

komplett / ofullständig
volledig / onvolledig

dag / natt
dag/ nacht

död / levande
dood / levend

bred / smal
breed / smal

ätlig / oätlig

eetbaar / oneetbaar

ond / god

gemeen / aardig

upphetsad / uttråkad

opgewonden / verveeld

tjock / smal

dik / dun

först / sist

eerste / laatste

vän / fiende

vriend / vijand

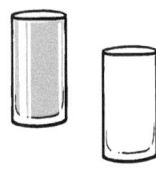

full / tom

vol / leeg

hård / mjuk

hard / zacht

tung / lätt

zwaar / licht

hunger / törst

honger / dorst

sjuk / frisk

ziek / gezond

olaglig / laglig

illegaal / legaal

intelligent / dum

intelligent / dom

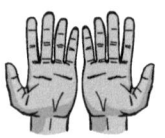

vänster / höger

links / rechts

nära / långt bort

dichtbij / ver

ny / begagnad

nieuw / gebruikt

inget / något

niets / iets

gammal / ung

oud / jong

på / av

aan / uit

öppen / stängd

open / gesloten

tyst / högljudd

zacht / luid

rik / fattig

rijk / arm

rätt / fel

goed / fout

grov / slät

ruw / glad

ledsen / glad

verdrietig / gelukkig

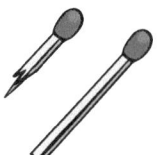

kort / lång

kort / lang

långsam / snabb

langzaam / snel

våt / torr

nat / droog

varm / sval

warm / koel

krig / fred

oorlog / vrede

0	**1**	**2**
noll	ett	två
nul	één	twee

3	**4**	**5**
tre	fyra	fem
drie	vier	vijf

6	**7**	**8**
sex	sju	åtta
zes	zeven	acht

9	**10**	**11**
nio	tio	elva
negen	tien	elf

12

tolv

twaalf

13

tretton

dertien

14

fjorton

veertien

15

femton

vijftien

16

sexton

zestien

17

sjutton

zeventien

18

arton

achttien

19

nitton

negentien

20

tjugo

twintig

100

hundra

honderd

1.000

tusen

duizend

1.000.000

miljon

miljoen

engelska

Engels

amerikansk engelska

Amerikaans Engels

kinesisk mandarin

Chinees Mandarijn

hindi

Hindi

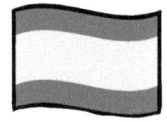

spanska

Spaans

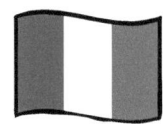

franska

Frans

arabiska

Arabisch

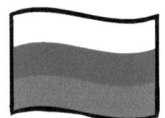

ryska

Russisch

portugisiska

Portugees

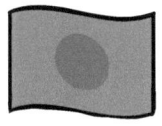

bengali

Bengalees

tyska

Duits

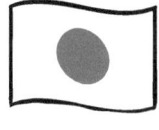

japanska

Japans

jag

ik

du

jij

han / hon / den (det)

hij / zij / het

vi

wij

ni

jullie

de

zij

vem?

wie?

vad?

wat?

hur?

hoe?

var?

waar?

när?

wanneer?

namn

naam

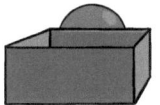

bakom

achter

i

in

framför

voor

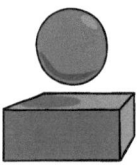

över

boven

på

op

under

onder

bredvid

naast

mellan

tussen

plats

plaats